DE LA

RESPONSABILITÉ CIVILE

DES MEMBRES

DE

L'ENSEIGNEMENT PUBLIC

PAR

MAURICE DE PINDRAY

Docteur en droit

Avocat à la Cour d'appel de Paris.

MACON

IMPRIMERIE GÉNÉRALE, X. PERROUX

1909

L'État doit-il être rendu civilement responsable des fautes commises par les Professeurs et les Instituteurs dans l'exercice de leurs fonctions ?

DE LA
RESPONSABILITÉ CIVILE

DES MEMBRES

DE

L'ENSEIGNEMENT PUBLIC

PAR

Maurice de PINDRAY

Docteur en droit

Avocat à la Cour d'appel de Paris.

MACON

IMPRIMERIE GÉNÉRALE, X. PERROUX

1909

Maurice de Pindray

L'État doit-il être rendu civilement responsable des fautes commises par les Professeurs et les Instituteurs dans l'exercice de leurs fonctions ?

La responsabilité civile des instituteurs — et par extension, de tous les membres de l'enseignement public — a été fixée par l'article 1384 du Code civil, qui est ainsi conçu :

« Art. 1384. — On est responsable non seulement du dommage que l'on cause par son propre fait, mais encore de celui qui est causé par le fait des personnes dont on doit répondre, ou des choses que l'on a sous sa garde.

« Le père, et la mère après le décès du mari, sont responsables du dommage causé par leurs enfants mineurs habitant avec eux ;

« Les maîtres et les commettants, du dommage causé par leurs domestiques et préposés dans les fonctions auxquelles ils les ont employés ;

« Les *instituteurs* et les artisans, du dommage causé par leurs élèves et apprentis, pendant le temps qu'ils sont sous leur surveillance.

« La responsabilité ci-dessus a lieu, à moins que les père et mère, *instituteurs* et artisans, ne prouvent qu'ils n'ont pu empêcher le fait qui donne lieu à cette responsabilité. »

Avant d'examiner s'il y a lieu de rendre l'Etat responsable des fautes commises par les instituteurs ou les professeurs, dans l'exercice de leurs fonctions, — et afin de préparer cette discussion. — il convient d'établir, tout d'abord, ce que sont, actuellement, dans l'Etat, les membres de l'enseignement public. Il sera intéressant, auparavant, de rechercher ce qu'ils étaient, au moment de la promulgation du Code civil, et quelles étapes ils ont dû franchir avant d'arriver à la situation qu'ils occupent, aujourd'hui, dans l'organisme social.

Lors de la confection du Code civil et, en particulier, de l'article 1384 (qui détermine la responsabilité civile des pères, mères, maîtres et commettants, *instituteurs* et artisans), il n'y avait qu'un très petit nombre d'écoles sur le territoire de la République.

Pourtant, la Convention ne s'était pas contentée de sauver la Patrie en repoussant l'ennemi hors des frontières, elle avait décrété, sur les conclusions de Condorcet et de Lakanal, l'organisation d'un enseignement national comportant l'obligation et la gratuité scolaires. Mais, faute de ressources et par suite des événements, ce programme ne fut point appliqué.

Au moment de l'élaboration du Code civil, les instituteurs publics étaient choisis par les maires et les conseils municipaux ; il n'existait pas d'écoles préparatoires (normales ou autres) et les maîtres n'offraient, au point de vue de la surveillance et de la capacité, aucune espèce de garantie. Il est impossible d'évaluer ce que produisaient, alors, les minimes et précaires ressources locales affectées annuellement à l'entretien des écoles. A Paris, on comptait à peine une dizaine d'écoles, et encore ces écoles n'étaient-elles pas, à proprement parler, des écoles communales; elles avaient plutôt le caractère d'écoles libres auxquelles l'Etat allouait une subvention. Dans les campagnes, on voyait des instituteurs qui, tout en exerçant une profession (écrivain public, barbier, tisserand, gantier), tenaient la classe dans leur propre maison.

Les instituteurs d'alors pouvaient garder ou renvoyer les élèves, selon leur convenance ou leur intérêt ; ils recevaient directement des parents un salaire convenu d'avance entre eux et, généralement, très modique.

Ils se trouvaient à peu près exactement dans la situation qui est, aujourd'hui, celle des instituteurs privés. Ils étaient, en quelque sorte, des commerçants, des entrepreneurs d'éducation ; et, dans beaucoup d'endroits, l'école était considérée comme une véritable garderie et le « régent » avait bientôt fait d'inculquer à ses élèves ses très modestes connaissances.

Sous le premier Empire, le budget de l'enseignement primaire figura, dans les comptes du ministère de l'Intérieur, pour 4,250 francs.

En 1808, Napoléon créa l'Université de France avec un ministère spécial pour l'Instruction publique.

Puis, dans la suite et sous des régimes différents, de grands ministres, doublés d'excellents démocrates qui ont nom Guizot, Duruy, Jules Simon, Jules Ferry, sont parvenus à réaliser la promesse de la Révolution française : « L'instruction publique commune à tous les citoyens, gratuite à l'égard des parties de l'enseignement indispensables à tous les hommes. » (Déclaration des droits de l'homme.)

Et, enfin, les lois des 16 juin 1881, 28 mars 1882, 30 octobre 1886, ont établi en France, définitivement et sans esprit de retour, la gratuité et l'obligation de l'enseignement primaire.

Ce malheureux corps de maîtres d'école de 1804, si restreint, si dédaigné, est devenu une armée de plus de 100,000 instituteurs publics (sans compter les membres de l'enseignement libre), disposant d'un budget de deux cents millions et prodiguant les bienfaits de l'instruction à plus de six millions d'enfants. Le modeste maître

-- 8 --

d'école-commerçant de 1801 a été transformé, par les
lois qui ont établi l'enseignement primaire obligatoire,
en un véritable fonctionnaire chargé d'assurer un des
services publics les plus importants — peut-être même
le plus important - de notre démocratie : « Après le
pain, a dit Danton, l'éducation est le premier besoin du
peuple. »

L'instituteur et le professeur de l'enseignement public
sont devenus, incontestablement, des fonctionnaires
selon la formule établie par la Cour de Cassation. (Arrêt
du 29 mai 1886.) (1).

L'enseignement donné par l'Etat constitue un service
public, pour l'accomplissement duquel il commet des
préposés : les professeurs et les instituteurs. Ces préposés sont nommés par l'Etat, dans des conditions de
recrutement et d'avancement exactement déterminées
par lui; ils sont pourvus d'un traitement qui leur est
versé par l'État, et ils reçoivent de lui une retraite, à la
fin de leur carrière; en outre, durant le temps qu'ils
demeurent en fonctions, ils sont obligés d'observer
scrupuleusement — en ce qui concerne l'instruction et
l'éducation qu'ils ont à donner à leurs élèves — les
décrets et règlements édictés par le ministre de l'Instruction publique. Ce sont, en un mot, des fonctionnaires
de l'Etat chargés d'assurer le très important service de
l'enseignement public.

Or, quelle est la règle générale qui régit la responsabilité des fonctionnaires à raison des fautes commises
par eux dans l'exercice de leurs fonctions ?

---

(1) La Cour de Cassation déclare que : « Sous la dénomination
fonctionnaire public, l'article 197 du Code pénal vise non seulement les citoyens revêtus, à un degré quelconque, d'une portion de
la puissance publique, mais encore ceux qui, investis d'un mandat
public, soit par une élection régulière, soit par une délégation du
pouvoir exécutif, puisent dans ce mandat le droit de concourir à
la gestion des affaires de l'Etat, du département et de la commune. »

C'est que l'Etat, commettant, est responsable du fait de ses préposés.

La doctrine et la jurisprudence sont, en effet, d'accord pour affirmer la responsabilité de l'Etat, à l'occasion des dommages causés à des tiers par des fonctionnaires, dans l'exercice de leurs fonctions. « L'Etat représenté par les divers ministères et les administrations ou régies publiques, est, comme tout commettant, responsable des dommages causés par ses employés, agents ou serviteurs, dans l'exercice de leurs fonctions ou de leurs services. » (Aubry et Rau : *Cours de droit civil.*)

Lorsqu'un accident est causé par la faute d'un chef de gare, préposé d'une Compagnie de chemins de fer, ou par un conducteur des Ponts et Chaussées, préposé de l'administration des Travaux publics, c'est la Compagnie, c'est l'Etat, en leur qualité de commettants, qui sont tenus pour responsables de la faute de leurs préposés. Il en est de même du dommage causé par la faute de tout agent employé par l'Etat pour assurer un service public.

Pourquoi, alors, ne pas appliquer ce principe aux seuls agents de l'enseignement public ? — Pourquoi ne pas faire entrer les instituteurs et les professeurs dans la règle générale qui régit tous les autres fonctionnaires de l'Etat ?

Il y a, nous l'avons vu, une très grande différence entre la situation actuelle de l'instituteur public et celle du maître d'école tel qu'il était, à l'époque où fut élaboré l'article 1384 du Code civil.

Le 6 février 1804, le Tribunat entendait, et il adoptait le 8 février, un rapport de Bertrand de Greuille dans lequel on trouve les passages suivants : « Les instituteurs remplacent les parents......; ils doivent aux enfants qui leur sont confiés de bonnes instructions ; ..... enfin ils ont la faculté de renvoyer ceux de ces enfants qui leur paraissent pervers ou incorrigibles. Mais si les pères, mères, instituteurs, parviennent à prouver qu'il ont été dans l'impossibilité d'empêcher le fait dont on se plaint, alors la garantie disparait parce que l'impossibilité bien constatée équivaut à la force majeure qui ne donne ouverture à aucune action au profit de celui qui en est la victime. »

Ainsi, d'après l'article 1384, l'instituteur n'était déclaré responsable que s'il avait été imprudent et s'il ne pouvait pas prouver que sa surveillance avait été sérieuse.

Et cependant, au moment de la confection du Code civil, la situation de l'instituteur était, répétons-le, tout autre que celle qui est actuellement la sienne. Les maîtres d'école d'alors n'accueillaient qu'un très petit nombre d'enfants, sur lesquels ils pouvaient exercer une surveillance de tous les instants ; ils recevaient directement des parents un salaire librement débattu ; ils pouvaient garder ou renvoyer les élèves, selon leur convenance ou leur intérêt.

Dans ces conditions, les instituteurs de 1804 ont pu être, à juste titre, considérés par les auteurs du Code civil comme des sortes de commerçants, des entrepreneurs d'éducation, et on conçoit, dès lors, très bien, qu'ils aient été déclarés civilement responsables. Cependant, ils pouvaient dégager leur responsabilité en faisant la preuve que leur surveillance habituelle avait été rigoureuse ; et les tribunaux, dans l'application de l'article 1384, se montrèrent, à l'égard des instituteurs, beaucoup moins sévères que la jurisprudence actuelle.

C'est ainsi, sans remonter trop loin, que le Tribunal de la Seine, le 23 avril 1869, déclare que « l'accident arrivé à un élève qui, en jouant avec un camarade, est venu imprudemment traverser à la course le lieu des exercices du gymnase, durant la mise en mouvement d'une escarpolette, et a été atteint par celle-ci, est imputable à un fait personnel de l'enfant et ne saurait, dès ors, engager la responsabilité de l'instituteur, qui n'aurait pu l'empêcher avec la surveillance la plus active. »

Le 23 juin 1869. le tribunal d'Agen rend un jugement encore plus caractéristique : Un enfant avait porté à un de ses camarades des coups qui avaient entraîné la mort. Le tribunal admet d'abord l'instituteur à prouver qu'il n'a pu empêcher le fait ; puis il ajoute que la responsabilité du maître s'efface encore devant celle du père de famille, « si celui-ci a négligé ou mal dirigé l'éducation morale de l'enfant ».

Le 13 janvier et le 16 février 1880, le tribunal de la Seine déclare que « le principal d'un collège communal est, comme l'instituteur, civilement responsable du dommage causé par ses élèves, pendant qu'ils sont sous sa surveillance, mais que, de même que l'instituteur, il est admissible à prouver qu'il n'a pu prévenir ou empêcher le fait dommageable ».

Antérieurement, le 18 mai 1870, le tribunal de Marseille avait estimé que « le proviseur d'un lycée n'étant appelé à décider ni du choix, ni du nombre, ni des attributions des employés de l'établissement, ne saurait, par suite, répondre des fautes ou des défaillances de ceux-ci ».

Cette jurisprudence, libérale et équitable pour l'instituteur, ne tarde pas à se modifier à son grand détriment, et cela, au moment où les lois édictées par la troisième République ont définitivement organisé l'enseignement public et ont fait de l'instituteur un fonctionnaire délégué par l'Etat. Les familles ne signent plus de contrat avec lui et ne lui donnent aucune rémunération ; il n'est pas le maître de l'établissement qu'il dirige ; il ne peut choisir ou renvoyer ni ses élèves ni aucun membre de son personnel.

« Tant qu'il y a des places vacantes, dit M. Pinset, dans un intéressant rapport sur la responsabilité des membres de l'enseignement public, « il est obligé d'ouvrir l'accès de ses classes, indistinctement et sans opposition possible de sa part, à tout élève régulièrement inscrit en vertu de la loi ; il n'en peut éloigner aucun pour plus de trois jours, et, encore, faut-il qu'il en prévienne ses chefs. Les heures d'ouverture et de fermeture de l'école, les programmes, l'horaire, le nombre, la nature et la durée des exercices et des récréations, les moyens disciplinaires, tout est déterminé par des règlements qui n'émanent pas de lui, mais des autorités qui le nomment et qui peuvent le déplacer, le punir, le révoquer ; il n'est qu'un préposé, dans toute la rigueur du terme, et c'est l'Etat qui est commettant ».

Les dernières lois scolaires ont placé directement sous l'autorité de l'Etat les instituteurs publics, auxquels elles ont donné une mission de plus en plus vaste ; mais elles n'ont pas créé, au point de vue de leur responsabilité, un droit nouveau.

Et, cependant, combien sont lourdes et délicates la surveillance et l'éducation de l'enfant !

« L'enfant n'est pas naturellement mauvais, mais il est espiègle et malicieux ; en lui, s'unissent l'incons-cience du danger, l'impossibilité de prévoir les conséquences d'un acte et la promptitude irréfléchie dans la réalisation de l'idée (1).

« Chez l'enfant, tout est prompt, foudroyant, inattendu ; rien n'annonce le coup de pierre qui atteint le camarade ; et la plume d'acier s'enfonce dans l'œil du voisin avec la rapidité de l'éclair.

« L'instantanéité du fait triomphe des précautions et de la diligence des maitres Très nombreux sont les accidents motivés par une sorte d'action réflexe, arrivés en présence même de l'instituteur le plus zélé, « accident qu'il a été humainement impossible de prévenir ou d'empêcher ».

Peu importe que l'enfant soit soumis et pacifique, dans la maison de ses parents ; il ne tardera pas à subir, à

---

(1) Bernardbéig, discours de rentrée à la cour de Limoges, 1896,

l'école, l'entraînement de ses camarades. Qu'on se représente ces classes où se pressent, couramment, sous la surveillance d'un seul maître, 5u et 60 élèves (on a compté jusqu'à 112 élèves dans une classe conduite par un seul instituteur). Actuellement, l'assimilation de l'instituteur et du père de famille n'est plus possible. Le maître d'école remplit un devoir autrement difficile que celui du père, en exerçant une surveillance qui s'étend, pendant les classes et les récréations, sur une quantité d'élèves toujours beaucoup plus grande que celle des enfants dans une famille.

Combien redoutable pour tous et redoutée par le maître est l'entrée dans l'école obligatoire des enfants mauvais ou vicieux ou issus de familles dans lesquelles ils n'ont rencontré que les plus pernicieux exemples !

Avec les lois sur l'obligation et la gratuité, avec la perspective des secours distribués par les municipalités, les caisses des écoles et les cantines scolaires, les élèves ont augmenté et l'instituteur public a dû subir, sans sélection, l'introduction, dans sa classe, de ces détestables éléments.

Cependant, le renvoi des élèves méchants ou vicieux de l'école publique ne peut être que temporaire ; les maîtres n'ont plus, comme autrefois, le droit de renvoyer, d'office et sur-le-champ, les élèves qui « leur paraissent pervers ou incorrigibles ». (Règlements scolaires du 18 juillet 1882, du 18 janvier 1887, du 29 décembre 1888.)

Et les enfants faibles d'esprit, pour lesquels il n'existe pas, comme en Allemagne, des écoles spéciales, et que nos maîtres peuvent difficilement éliminer, ne deviennent-ils pas également une cause de dommage pour leurs camarades ou pour les tiers, quand ils ne sont pas les souffre-douleurs et les tristes victimes de ceux dont le bon La Fontaine a dit : « Cet âge est sans pitié ! » (Les règlements prévoient les cas des aveugles et des sourds-muets seuls.)

Et les exercices de gymnastique, qui ont été introduits si copieusement dans tous les nouveaux programmes d'instruction, multiplient à l'infini les causes d'accidents.

Il semblerait que, dans cette nouvelle législation scolaire, qui rend très lourde et très délicate la mission des instituteurs, l'application de l'article 1384 eut dû se faire avec encore plus de ménagements envers les membres de l'enseignement public ; c'est, cependant, le contraire qui s'est produit.

C'est ainsi qu'à la date du 23 janvier 1892, M. Leblanc, directeur de l'Ecole de Fontenay-sous-Bois, à la suite d'une rixe survenue entre 3 enfants de son école, pendant laquelle l'un deux reçoit, dans le ventre, un coup de pied qui entraîne la mort, est condamné à 500 francs de dommages-intérêts et aux dépens, alors que le tribunal reconnaît en termes formels que cet instituteur s'est trouvé dans l'impossibilité d'empêcher les coups portés à la victime.

Voici, d'ailleurs, les considérants de ce jugement, fameux dans les annales de l'enseignement primaire :

« Attendu que Leblanc, directeur de l'école, n'a pas été témoin des faits et ne saurait être reconnu coupable d'y avoir participé ; mais attendu qu'aux termes de l'article 1384 du Code civil, par le seul fait que des coups volontaires ont été portés à un enfant, dans l'intérieur de l'école, Leblanc, directeur, doit être déclaré responsable civilement de ce délit, quelles que soient, d'ailleurs, sa vigilance habituelle, son honorabilité reconnue et *l'impossibilité où il pouvait s'être trouvé d'empêcher les coups portés à la victime.* »

Malgré ces attendus favorables, Leblanc n'en est pas moins condamné. A la suite de ce jugement, il perdit la raison et fut interné à l'asile de Ville-Evrard.

C'est ainsi, également, que M. Guillot, instituteur à La Souterraine (Creuse), fut condamné par le tribunal de Guéret à 2,500 francs d'indemnité et 250 francs de rente viagère envers les parents de l'un de ses élèves qui, pendant une récréation, s'était cassé la jambe en tombant dans un trou creusé par ordre de la municipalité et destiné à une plantation d'arbres. Le jugement a été confirmé, le 1er mai 1895, par un arrêt de la Cour de Limoges, qui s'est borné à abaisser la rente viagère de 250 à 200 francs. Ces deux décisions successives réduisirent Guillot à la misère.

Puis, à des intervalles très rapprochés, se succèdent : l'affaire de Tarascon-sur-Ariège (jugement du tribunal de Foix, le 13 août 1892); celles du Lycée Louis-le-Grand (8 mai 1895); de Léobard (Tribunal de Gourdon, 1896), et d'autres encore.

L'affaire Léobard, dans laquelle l'instituteur est victime d'une tentative de chantage, de la part des parents de l'enfant, est, précisément à ce point de vue là, très caractéristique. Voici les considérants du jugement :

« Attendu que la responsabilité de Planche (l'instituteur) ne saurait être contestée, en présence des termes *sévères*, mais formels de l'article 1384 du Code civil; attendu que le tribunal a des éléments « pour évaluer le dommage occasionné à Méry fils, par le fait d'un de ses camarades, pendant que l'instituteur Planche, qui n'a pas d'adjoint, fournissait un renseignement administratif urgent au maire de la commune; attendu que la demande en dommages-intérêts de 2,000 francs, formulée par Méry père, est considérablement exagérée, et démontre que celui-ci a essayé de spéculer, au détriment d'un malheureux instituteur, sur un accident, fâcheux, sans doute, mais beaucoup moins grave qu'il le prétend......... »

L'instituteur Planche n'en a pas moins été condamné à 100 francs de dommages-intérêts et aux dépens.

Devant cette nouvelle jurisprudence, aussi surprenante que rigoureuse, le personnel de l'enseignement public se demanda, avec une très légitime inquiétude, jusqu'où pourrait aller l'interprétation de l'article 1384 du Code civil,et un grand mouvement de pétitionnements et de protestations de toutes sortes se produisit, chez les instituteurs, en faveur de la revision de cet article.

Les pétitions des instituteurs étaient de deux sortes : les unes se bornaient à demander le renversement de la preuve, en cas de poursuites pour accidents, et la substitution de la responsabilité de l'Etat à celle de l'instituteur, dans le cas où l'enquête aurait démontré que ce dernier ne pouvait ni prévoir ni empêcher le dommage causé; les autres — beaucoup plus nombreuses — demandaient purement et simplement et d'une façon générale, dans l'application de l'article 1384, la substitution de la responsabilité de l'Etat à celle des membres de l'enseignement public.

La Commission qui fut instituée, à Paris, pour étudier la question de la responsabilité civile des instituteurs publics, — et qui était composée des instituteurs membres du Conseil départemental de la Seine, des instituteurs délégués par les sociétés régulièrement constituées dans ce département, et des délégués des circonscriptions électorales, — adressa, en 1893, au vice-recteur de l'Académie de Paris un mémoire contenant l'expression de ces vœux.

Les conclusions de ce rapport étaient les suivantes :

« L'instruction primaire publique étant un service d'Etat, c'est l'Etat qui est le commettant, et l'instituteur public, nommé et payé par lui, n'est que le préposé. En conséquence, — la responsabilité pénale étant réservée, — dans le cas d'un accident quelconque pouvant entraîner une réparation pécunaire, l'action civile s'exercera contre l'Etat, *solidairement avec l'instituteur public*, toutes les fois que l'enquête administrative aura démontré l'impossibilité pour ce dernier de prévoir ou d'empêcher l'accident qui le met en cause. L'avoué de l'Etat sera constitué d'office l'avoué de l'instituteur. Dans le cas où l'enquête administrative serait favorable à l'instituteur, l'Etat prendra à sa charge les frais et conséquences pécuniaires du procès, quelle qu'en soit l'issue. »

La jurisprudence excessive inaugurée à l'encontre des membres de l'enseignement public, dans l'interprétation de l'article 1384 du Code civil, — tant par le tribunal de la Seine que par les tribunaux de province ; — les multiples pétitions adressées au Parlement, en faveur de la modification de cet article, par des milliers d'instituteurs de toutes les régions de la France ; les nombreux rapports compétents émanés des associations autorisées, appelèrent, sur cette partie de la législation, l'attention de la Chambre des députés.

Un très intéressant rapport fut dressé par M. Samary au nom de la Commission de réforme judiciaire : il concluait à la modification de l'article 1384 par la substitution de la responsabilité de l'Etat à celle des membres de l'enseignement public. La Commission s'était basée, pour prendre cette décision, sur quatre considérations principales :

1° L'urgence de soustraire les instituteurs aux rigueurs de la jurisprudence nouvelle relative à l'application de l'article 1384 ;

2° La nécessité de bien séparer, dans l'espèce, la cause de l'instituteur public de celle de l'instituteur privé ;

3° Le danger très menaçant que peuvent faire courir à l'éducation physique de la jeunesse de nos écoles les hésitations et les craintes toutes naturelles des membres de l'enseignement public devant les excès de responsabilité, conséquences de l'application de l'article 1384 ;

4° Enfin la nécessité de supprimer l'exception défavorable qui existait à l'encontre des membres de l'enseignement public et de faire rentrer ces derniers dans le droit commun des fonctionnaires des autres administrations.

Cette proposition — acceptée par le Gouvernement — est devenue la loi du 20 juillet 1899, qui a été ajoutée au dernier alinéa de l'article 1384, et qui est ainsi conçue :

« Article 1er. — Toutefois, la responsabilité civile de l'Etat est substituée à celle des membres de l'enseignement public. .

«Art. 2. — L'action en responsabilité contre l'Etat, dans le cas prévu par la présente loi, sera portée devant le tribunal civil, ou le juge de paix du lieu où le dommage aura été causé et dirigée contre le préfet du département. »

Cette loi devait avoir pour conséquences, dans l'intention du législateur, d'éviter aux membres de l'enseignement public des poursuites, à raison du fait des élèves placés sous leur garde. L'Etat étant responsable, l'instituteur aurait dû être laissé hors de cause. Malheureusement, il n'en a pas été ainsi.

La jurisprudence a établi une distinction, suivant que l'accident s'est produit dans les locaux scolaires ou au cours d'un service réglementaire, ou bien suivant qu'il s'est produit en dehors de ces locaux ou en dehors des heures de service réglementaire. D'après la jurisprudence, l'Etat n'est responsable qu'autant que l'accident s'est produit au cours d'un service réglementaire ; s'il est prouvé que l'accident a eu lieu en dehors des heures de scolarité légale, l'Etat décline toute responsabilité.

Que firent, en conséquence, pour se couvrir, les parents d'enfants victimes d'accidents survenus à l'école ? Ils prirent l'habitude d'actionner, en même temps, l'Etat et l'instituteur.

« Il semble à première vue, — dit M. Berthélemy, professeur à la Faculté de Droit de Paris, — que les victimes des dommages causés n'aient pas intérêt à agir directement contre l'instituteur; il est bien plus simple pour eux d'actionner l'Etat. Pour que leur action soit efficace, il suffit d'établir que le dommage a été causé par la faute d'un élève soumis à la surveillance du maître. Si l'on y regarde de près, ou reconnaît, au contraire, qu'il serait souvent imprudent pour les victimes du dommage de s'en tenir à l'action en responsabilité contre l'Etat.

« Ne risque-t-on pas, en effet, de se voir opposer par l'Etat cette fin de non-recevoir : l'instituteur, au moment où l'accident s'est produit, n'accomplissait pas un service réglementaire ; c'est lui seul qui est responsable. Le moyen d'échapper à ce risque est d'agir conjointement contre l'instituteur et contre l'Etat, et on ne manquera pas de le faire. »

En outre, on peut toujours invoquer contre l'instituteur une faute personnelle et le poursuivre en vertu des articles 1382 et 1383 Code civil. Aussi, dans les instances en responsabilité engagées contre l'Etat, les préfets ne manquent-ils pas de former un recours contre l'instituteur, qui est, comme tout citoyen, civilement responsable des conséquences de son fait personnel.

Les instituteurs n'ont donc rien gagné à la transformation du risque professionnel, telle qu'elle a été opérée par la loi de 1899. Ils restent toujours exposés aux poursuites judiciaires et aux frais de justice. Lorsque ce n'est pas l'article 1384 qui est invoqué contre eux par les parents, c'est l'Etat qui leur oppose l'article 1382 sur la responsabilité civile de tout citoyen.

Pour parer aux dangers de cette responsabilité et pour « en atténuer les conséquences pécuniaires », les instituteurs fondèrent des sociétés départementales, fédérées entre elles. Ces sociétés ont, à n'en pas douter, le caractère mutualiste. La loi du 1er avril 1898 les a, fatalement, ignorées, puisqu'elles n'étaient pas nées, quand cette loi fut élaborée. Les instituteurs ont demandé au Conseil supérieur de la mutualité de les reconnaître comme sociétés de secours mutuels et de les inscrire au nombre des associations de prévoyance qui bénéficient des avantages de cette loi, et, notamment, de la bonification du taux de l'intérêt à 4 1/2 0/0. Le Conseil supérieur a estimé que ces sociétés n'avaient pas les caractères distinctifs des sociétés de secours mutuels. La responsabilité des instituteurs, a-t-il dit, est engagée, non pour les accidents dont-ils sont eux-mêmes les victimes, mais pour des accidents qui surviennent à d'autres, ici et en l'espèce, aux enfants confiés à leur garde. Ces sociétés, si intéressantes qu'elles soient, ne sauraient donc être assimilées aux sociétés de secours mutuels qui, — elles, — assurent uniquement et exclusivement leurs membres contre les accidents qui peuvent leur survenir personnellement. En conséquence, la demande formulée par les instituteurs a été repoussée. Mais le Conseil supérieur de la Mutualité a, toutefois, reconnu qu'il n'est pas juste de laisser peser sur les membres de l'enseignement public une aussi lourde responsabilité. Il convient, à son sens, d'étendre la loi de 1899 et de dégager la responsabilité de l'instituteur, « toutes les fois qu'il s'agit, non seulement d'accidents survenus à l'école pendant les classes, mais encore des accidents qui peuvent se produire dans les services accessoires de l'école publique où la surveillance des enfants reste confiée à l'instituteur ».

M. Pierre Dupuy, député de la Gironde, a proposé d'introduire, dans le paragraphe 6 de l'article 1384, la rédaction suivante :

« La responsabilité des instituteurs n'est engagée, du fait de leurs élèves, que *s'il est prouvé par la partie plaignante* qu'il y a eu défaut de surveillance. *Dans tous les cas*, la responsabilité civile de l'Etat est substituée à celle des membres de l'enseignement public. Ceux-ci ne pourront être mis directement en cause par la partie lésée.

Ils seront seulement soumis au recours de l'Etat pour faute personnelle. »

Ainsi, l'article 1384 présume la responsabilité de l'instituteur. M. Pierre Dupuy n'admet pas, et avec juste raison, que l'instituteur soit présumé coupable, — jusqu'à preuve du contraire; ce sont là des principes de droit commun. — Mais que subsiste-t-il, alors, de la présomption instituée par l'article 1384 et confirmée par la loi de 1899 ?

Cette présomption était basée sur cette théorie : que l'instituteur peut prévenir et empêcher, par sa vigilance, tous accidents dans son école. Or, il est matériellement impossible qu'un maître, quelque vigilant et attentif qu'il soit, prévienne ainsi tous les accidents; il est impossible que sa surveillance s'exerce efficacement sur tous ses élèves à la fois.

La proposition de M. Dupuy n'est donc pas assez radicale. Elle supprime, il est vrai, la présomption de *culpabilité*, mais elle maintient la présomption de *responsabilité*. Or, cette dernière doit être supprimée, aussi bien que la première.

Il importe de faire disparaître — une fois pour toutes — la situation inique dont souffrent, actuellement, les membres de l'enseignement public. Et il s'agit, là, non d'un privilège à créer, mais d'un régime d'exception à supprimer.

Il n'est pas juste, en effet, que, de tous les fonctionnaires de l'Etat, l'instituteur soit le seul contre lequel une action spéciale en responsabilité civile puisse s'exercer, à l'occasion de ses fonctions.

Il y a donc mieux à faire qu'à compléter et à préciser la loi de 1899; ce qu'il faut, c'est supprimer, à la fois, et la présomption de culpabilité et la présomption de responsabilité.

La solution nous paraît être uniquement dans l'application du droit commun à l'instituteur et à l'Etat : à l'instituteur, « en le libérant de toute présomption de faute et de responsabilité » ; à l'Etat, « qui, étant vraiment, vis-à-vis de l'instituteur, dans la posture d'un chef d'industrie ,vis-à-vis de son employé, doit supporter les actions en garantie qu'un particulier lésé par le fait d'un préposé peut diriger contre son commettant ». (De Monzie, *Revue politique et parlementaire*, 10 mai 1905.)

Ce double but ne peut être atteint qu'en abrogeant purement et simplement les dispositions de l'article 1384 qui visent les membres de l'enseignement public. Les articles 1382 et 1383 suffiront largement aux pères de famille pour obtenir réparation du dommage qui aura été causé à leur enfant par la faute du maître.

Peu importe que l'accident survenu à un élève ait été causé par un autre élève ou par le maître lui-même ; c'est en tenant compte des obligations personnelles de l'instituteur que les juges estimeront si sa responsabilité est engagée. La première de ces obligations est de « prendre toutes les précautions qu'il lui est humainement et raisonnablement possible de prendre pour empêcher tous accidents ». (Cour de cassation.)

Les droits de l'enfant n'en seront pas moins sauvegardés et l'instituteur jouira enfin des bénéfices du droit commun.

Mais il ne faut même pas s'en tenir là ; il convient d'aller encore plus loin dans la voie de la réforme, en cette matière. En effet, quand bien même il sera dit qu'un instituteur ne peut être poursuivi que pour une faute grave, il peut être engagé au delà de ses ressources. Il faut donc que l'Etat, qui est, aujourd'hui, civilement responsable des fautes présumées de l'instituteur, soit aussi tenu de ses fautes effectives.

Et, pour arriver à ce résultat, il suffirait simplement de modifier de la façon suivante les paragraphes 4, 5 et 6 de l'article 1384 du Code civil :

« § 4. — Les artisans sont responsables du dommage

causé par leurs apprentis, pendant le temps qu'ils sont sous leur surveillance. La responsabilité ci-dessus a lieu, à moins que les pères, mères et artisans ne prouvent qu'ils n'ont pu empêcher le fait qui donne lieu à cette responsabilité.

« §5. — Tout dommage causé à un élève ou par un élève, pendant le temps que les élèves sont sous la surveillance des membres de l'enseignement public, engage la responsabilité civile de l'Etat.

« § 6. — L'action en responsabilité contre l'Etat sera portée devant le tribunal civil ou le juge de paix du lieu où aura été causé le dommage et dirigée contre le préfet du département »

Voilà une réforme éminemment nécessaire et on ne peut plus justifiée, qui devrait être votée, au plus tôt par, le législateur.

Alors, seulement, on aura accordé à tous les fonctionnaires de l'enseignement public, en général, et, plus particulièrement, aux 100,000 instituteurs de l'enseignement primaire, une sécurité, qui ne leur a pas été octroyée par la loi de 1899, et à laquelle ils ont droit, aussi bien par leur zèle et leur dévoûment professionnels, que par leur loyal et sincère attachement à nos institutions démocratiques.